LA GENEALOGIE DES PRINCES DE SAVOYE,

Faite en prose & vers Latins par IVLIAN TABOET, I. C. *& depuis traduite en prose, & vers heroïques François, par* P. T. A.

A Tresillustre Prince Iaques de Sauoye, Duc de Nemours, &c.

ALYON,
CHEZ NICOLAS EDOARD,
M. D. LX.

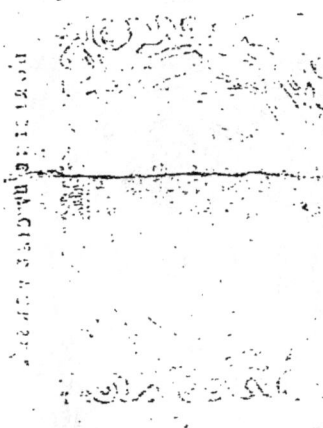

A
TRESILLVSTRE
PRINCE IACQVES
DE SAVOYE, DVC
DE NEMOVRS,

IVLIAN TABOET.

ALEXANDRE plora quand il veit d'auanture
Le corps d'Achille enclos en peu de sepulture.
D'vne mordante enuie il plora furieux:
Et pour le vers d'Homere il l'estima heureux.
Le Dictateur Cesar pour auoir veu l'image
D'Alexandre, plora de depit en son courage,
D'auoir ieune veincueur soutins perils diuers:
Et, sans perte, estre fait Monarque en l'Vniuers.
Alexandre, Cesar, Aiax, ploreroyent ores
S'ils voyotent les hauts faits que tu parfais encores.
Les faits qu'imbarbe fais, meritent grand loyer,
En faits dignes de Mars l'on te voit employer,
Et partant à bon droit tu es reputé, voire
Achille de Sauoye, & du païs la gloire.
Ton los ne mourra point: sus terre la grandeur
De ton nom florira, & ta grande splendeur.

A 2

Estant de tes haux faits la diligence telle
Conneüe, te donra vne vie immortelle.
D'ont sentie par tout l'excellence de toy,
T'aquist grande louange, & l'amitié du Roy.
La penible vertu cette amitié aquerre
Te fait: Diuin te fait la gloire de la guerre.

PRINCIPALE GENEALOGIE, le nombre, l'ordre, les noms, les progrez, l'histoire, le catalogue, les faits, les meurs, & les temps des princes de Sauoye.

Epitome, ou abregé, de la genealogie de Sauoye.

BEROLD Aleman, de par Hugue prince de Saze nepueu d'Otthon III. à cause du meurtre d'Augusta, surprinse en adultere, heureusement (comme par voluntaire exil) laissa contraint, païs, parens & la court Imperiale,
L'an du Monde, 4943. L'an de la ville bastie 1749. L'an de grace, 1000.

Iceluy obligé par vœu d'vn pelerinage entrepris sous tiltre de deuotion: auoir passé le Rhin, & sorti des limites des Gaules, inopinément fut soudoyé de Bozo alors Monarque tres-puissant de Sauoye & de Bourgougne, lequel estoit ocupé en guerres domestiques & etrangeres contre les Geneuois & les habitans de la mer Ligustique, rompans entr'eux les droits de souueraine protection & foy
d'an

d'anciene defence clientelaire. Lesquels veincus & subiuguez en deux batailles, pour recompence & trophée, fut crée chef de Sauoye, depuis le lac de Genéue iusques à l'Ocean Liguftic. A cause dequoy les Superieurs de cette Duché vltramontane veincus en quatre batailles, donnerēt suffisante occasion de créer, au milieu de la prouince, vn nouueau magistrat, pour empescher les courses des ennemis, & defendre le brigandage qui se faisoit en la voie Mariane, laquelle par ceux du païs, ignorans l'anciene origine, fut nommée Mauriéne, & peu de temps après commença à estre appellée Sauoye. Dont la souueraine puissance & protectiō, par lettres Royaux & consentemens Imperiaux paruint à Berold, prince de fort rare vertu & fidelle esperance, à cette charge qu'il seroit perpetuel protecteur & defenseur de Bourgougne. Ce Berold tint la principauté de Mauriéne l'espace de XXVIII. ans: & la laissa à sa posterité. Il mourut à Marseille, & fut ensepueli à Arles, l'an de grace, 1027.

PREMIERE HISTOIRE DE LA
tres-certaine Genealogie de Sauoye.

La Sauoye eut trente Roys, auant
l'Empire de Neron.

Ie veux qu'en peu de vers le noble sang se voye
Et la haute splendeur des Seigneurs de Sauoye.

Le grand pouuoir desquels, les sceptres epandus,
Et les Roys, sont du sang d'Hercule descendus.
L'vne & l'autre Bourgougne, & Viene, au vieil âge,
Ont aux Roys de Sauoye autrefois fait l'hommage.
Ils ont souuent brisé les armes des Romains,
Et souuent fait sentir leurs assaux inhumains.
Par les Alpes voulant aux Itales descendre
Annibal, luy conuint y faire condescendre
Le prince de Sauoye (alors grand) à miliers
Les peuples gouuernant, Barons, & Cheualiers.
Auquel Contes venoyent en grand nombre se mettre,
Et maints nobles priuez, pour la foy luy promettre.
  On trouue auoir regné sus les Sauoysiens
D'Hercule & France extraits, trente Rois anciens.
Par la vertu desquels, & le secours, conquerre
Les Romains sont allez l'Empire de la terre.
A l'Empire, Cesar, en cinq ans qu'il y mit,
L'indomtable François, & rebelle, soumit.
Passa iusqu'aux Anglois, seur de Sauoye vnique,
Et surmonta Pompée en guerre Pharsalique.
Le tres-mechant Neron des grans Cesars sorti,
Ha les Roys de Sauoyé & leur regne amorti.
Gouuerneurs, Vice-roys, & des Tyrans y boute,
Ayant chassé les Roys pour vn bien leger doubte.
Les Roys chassez, commence à estre sans seurté,
Pleine de brigandage & toute malheurté.
De ses princes priuée, elle est priuée auecques
De tous les naturels habitateurs d'illecques.
Le noble & fort pays le nom Gothic ha pris,

Qui

Qui des historiens, tant rude, n'est compris.
D'un vieil nom derobé soudain fut la Sauoye
Nommée, etant premier appellée sans voye.
De Marius Romain receut le nom expres,
D'ont Mariane voye ha eté ditte apres,
Ou, deuant inconneue, inconneu, mit par armes
A sac les Holandois & Dannemarcs gendarmes:
Et les Dates, au bort de la Sextelle mer,
Qu'improprement Sessel on fait ores nommer:
Ou veincueur demoura, deux cens mille de bande
Miserablement mors des hommes de Holande.
La voye Mariane ha prins commencement
De Marius veincueur: ores improprement
Maurienne se dit: depuis qu'au Germain prince
Et Empire etranger cheut par sort la prouince.

FIN DE LA PREMIERE
genealogie de Sauoye.

ORIGINE DE LA
Duche de Sauoye.

L'an de grace milliéme, ou soit plus ou soit moins,
Ordonné fut OTTHON Empereur des Romains.
Un frere Huque il auoit, du surnom de son pere,
Auquel Saxe laissa: Saxe qu'il voulut faire
Eriger en Duché, & luy pleut la pouruoir

GENEALOGIE DES PRINCES

D'vne ample Seigneurie & de bien grand pouuoir.
D'Hugue sortit Berold, qui fut ordonné prince
Pour des Sauoysiens gouuerner la prouince.
Ce Berold Maurienne obtint premierement,
Le prince auoir chassé de Suze entierement.
Apres l'an mille & vingt, sa vie deffaillante,
A Marseille mourut par vne fieure lente.
Dedans Arles gisant est son corps enterré
Au temple notre-Dame en sepulchre honoré.
De Maurienne il eut l'entiere iouissance
Vingt & huit ans, content de tant peu de puissance.

DE LA PRINCIPAUTÉ DE MAURIENNE.

Apres le deces de Berold, succeda Humbert son fils. auquel Henry second Empereur, treziéme du sang Germain, & De Iules Cesar x c i i i i. dóna les Alpes Mauriennes, & leur bailla le tiltre de Principauté.

VERS HISTORIENS.

Au magnanime pere Humbert succede Adele
Print du marquis de Suze, espouse bien fidele.
A Maurienne Suze annexé par aduis,
Aux Contes demoura depuis par indiuis.
Mais quand XXV. ans, metz en deux dauantage,
Il eut regné, mourut prince de fort grand âge.

AME I. fils d'Humbert, print pour femme la fille du Conte de Bourgongne. Iceluy regna XXII. ans, prince de Maurienne, & Marquis d'Italie. Il estoit fort âgé, & fut apres sa mort ensepueli au temple de S. Iehan de Maurienne, l'an de grace 1076.

VERS HISTORIENS.

Le belliqueux Amé fut d'Humbert successeur.
Le Duc des Bourgougnons le feit son gendre seur.

Le IIII. successeur de Berold.

Humbert second, adiouta par guerre la Tarantaise à Maurienne: & apres qu'elle eut esté oppreseé de trois tyrans, par ruze de guerre il la garda. Iceluy

B

regna XXXIII. ans, puis mourut l'an de grace 1109. Et gist ensepueli au palais royal de la principale ville de Mustere.

VERS HISTORIENS.

Amé son heritier le noble Humbert delaisse,
Qui par guerre equitable aquist la Tarantaise.

Le V. successeur de Berold.

AME II. fils d'Humbert II. entre tous les Contes fut de grand renom, tant par ses faits que par ses tiltres. Car Henry Empereur IIII. le feit premier Conte de Sauoye. Il luy donna aussi la principauté de Beaugois, en recompense de la victoire qu'il obtint en Syrie contre les Turcs. De laquelle retournant honorable veinqueur, mourut en Cypre l'an de grace 1154. Auant sa mort il feit edifier deux abbayes & monasteres, à sçauoir le monastere de Thamise & de S. Sulpice. Il print à femme Guygone fille du conte d'Albon, apres auoir repudié Clare fille du prince de Genéue, dont vint l'occasion de la guerre qui luy donna victoire. L'Empereur Henry le crea Lieutenant du sacrosaint Empire l'an de salut 1150.

VERS HISTORIENS.

Le successeur d'Humbert fut le braue Amé, voire
Qui l'Europe remplit de magnanime gloire.
Il exerca long temps la guerre sus la mer

En

DE SAVOYE.

En Syrie il porta aux Turcs dommage amer.
Et, bien puissant chez soy soutint mainte fortune
Pendant qu'aux Rhodiens donnoit aide oportune.
Dont ses armes il print, Cesar le permettant,
N'oubliant de Cesar les grans aigles pourtant.
Pour premier Conte l'eut Savoye montueuse,
Orné de tiltres maints & renommée heureuse.
Par mer acompagna le Roy de France, & prit
En fin la fieure: en Cypre il rendit son esprit.
Or Guy de Luzignac, de Cypre aduocat, méme
D'vn epitaphe en marbre orna le deffunct blémé.

Le II. Conte de Savoye.

HVMBERT III. fils d'Amé II. & sixiéme successeur de Berold, edifia deux monasteres, l'abbaye Alpine, & la haute Combe. Amateur de paix s'enuieillit en sa conté, puis mourut l'an de salut 1220.

VERS HISTORIENS.

Le tiers Humbert content de l'honneur paternel,
Vesquit devotieux enuers Dieu eternel.
Trois femmes epousa: dont la derniere d'elles
Eut Thomas, qui des siens feit vengences cruelles.

Le III. Conte de Savoye, & VII. successeur de Berold.

GENEALOGIE DES PRINCES

THOMAS fils d'Humbert, de la fille du Conte de Genéue, laquelle il épousa, eut huit fils & deux filles. Iceluy conquist par guerre la principauté de Piemont, puis mourut à Montcalier, & fut ensepueli en Auillane l'an de grace 1233.

VERS HISTORIENS.

Apres la mort d'Humbert, Thomas son successeur
Creut le païs dont fut le pere possesseur.
Et ne se contentant de l'Alpinoise terre,
Au terroir Piemontois alla faire la guerre.
Du Piemont il saisit par armes les lieux forts,
Mais sus Pignerol fait tous ses premiers efforts.
Puis apres Carignan de puissans murs repare,
Voire & de Montcalier tresuaillammant s'empare.
Toutes les villes prent deca le Pau de soy
Le peuple luy promet le secours & la foy.
Heureusement conquist tout le Piemont: l'espace
De trois cens ans apres le posseda sa race.
Comme un Scylle, un Camille, un Leonide encor,
Emanuel, paisible, en est iouissant or.

Le IIII. Conte de Sauoye, VIII. successeur de Berold.

AME III. conquesta le val d'Aouste, & la principauté de Chablays: puis n'ayant hoirs legitimes, & par faute de lignée masle, retourna aux Empereurs Germains l'an de salut 1235.

Vers

DE SAVOYE
VERS HISTORIENS.

Des Alpes d'Occident Amé tiers fait conqueste,
Et des forts du val d'Aouste:apres se met en queste
Au païs de Valois:puis (le Prince deffait)
Le seigneur de Chablays,victorieux,se fait.
Toute prochaine ville & chateau, qui rega der
Les de Valois,recoit sa foy & sauuegarde.
Les peuples de Sion viennent à sa merci,
Et Geneue,& Lozane,& les confins aussi.

Le V. Conte de Sauoye, IX. successeur de Berold.

BONIFACE fils d'Amé, prins secretement & promptement par le seigneur de Montferrat au siege de Turin, est mené pour estre gardé aux prisons de la ville d'Ast. ou il meurt languissant & enrageat d'immoderée tristesse. Son corps racheté par ses heritiers, est ensepueli au temple de S. Iehan de Maurienne l'an de grace 1246.

VERS HISTORIENS.

Boniface premier ayant dix ans vescu
Regnant victorieux,est & prins,& veincu.
Du desastre soudain etonné: de dueil,d'ire
Impatient,à Ast apres trois iours expire.

Le VI. Conte de Sauoye,& X. successeur de Berold.

PIERRE fils de Boniface,ayant chassé sa niepce Constance, comme incapable de gouuernement viril & Imperial, s'empare de la legitime succession. Et ne peut plus endurer la mort de son nepueu non-vengée: mais auoir soudainement assailli les Turinois, les afsiege:& gaigne la ville auec toute la seigneurie d'autour. A la parfin ayāt toutes choses à souhait, va deuers l'Empereur : & en recompense, le reconnoist Seigneur de toutes les pofsesions & clienteles des Alpes, & principalement de Sauoye, de Chablays, & d'Aouste, que nagueres il auoit conquises, sans tiltre, les Seigneurs de là estans occis.

VERS HISTORIENS.

Pierre (sa niepce hors mise) ha la Principauté:
Qui fut vaillant en guerre, & experimenté.
Pour venger du nepueu la triste Destinée,
Assiege & prent Turin, puis par luy est donnée
La tutelle à Cesar, & le tient comme sien
Protecteur du païs, & du Sauoysien.

Le VII. Conte de Sauoye, & le XI.
successeur de Berold.

PHILIPPE I. succeda à son frere. Il epousa Alys fille du Conte de Bourgougne, & en méme instant fut fait Conte de Bourgougne & de Sauoye. l'espace de dix ans fut vexé d'hydropisie. voyāt qu'il mourroit sans enfans, il diuisa ses terres à trois siens nepueus fils de Thomas, apres en auoir debouté
leur

leur frere aisné. Au puisné, Amé, laissa la conté de Sauoye. Il fut ensepueli au monastere de haute Cōbe l'an 1285.

VERS HISTORIENS.

Le bruit par tout semé du frere mort, voici
Philippe est du païs fait prince & Conte aussi.
Auant la mort du frere il print Alys, l'entiere
Etant de la Conté de Bourgougne heritiere.
Hydropique regna dix ans continuels,
Malade en son esprit d'ennuis assiduels.
Trois siens nepueus appelle, ayant bien souuenance
De la mort: & , viuant, leur depart sa cheuance.
A Nature à la fin fait le commun payment,
De mal etant son corps affligé doublement.

VIII. Conte de Sauoye, & XII. successeur de Berold.

AME IIII. merita pour ses braues faits le surnom de Grand. A cause de sa femme adiouta à sa Sauoye la Côté de Baugit, & toute la Bresse: laquelle heureusement augmenta iusques à la Saone, & à Lyon, ville tresexcellente & capitale de la Gaule Celtique. Il ha tormenté par guerres continuelles les Dauphinois. Puis finit ses iours en Auignon l'an de grace 1323.

VERS HISTORIENS.

Aux armes bien accort, d'immuable fortune,
Ses ayeux Amé passe. Auec guerre importune
Pressa les Dauphinois & autres ennemis,

Voi

GENEALOGIE DES PRINCES

Voire en extreme ennuy iceux veincus ha mis.
Les Seigneurs ses voisins, & fiers Contes par guerre
Contraignit leur recours à la douce paix querre.
En double Seigneurie, heureuse doublement,
Print femme, dont sa terre augmenta grandement.
De Baugis la Conté, mémement de la Bresse,
Terre fertile en blez, feit croitre sa richesse.

Le IX. Conte de Sauoye, & XIII. successeur de Berold.

EDOARD fils d'Amé, du Camp Delphinois veincu, pris, & enleué, le siége du chateau de Varet laissé, se retire au Roy de France, aux Ducs de Bourgougne & de la petite Bretagne, pour demander secours de gens de guerre. Se souuenant de sa perte & vergongne, rempli de grande tristesse, mourut à Paris l'an de salut 1329.

VERS HISTORIENS.

Apres mainte deffaitte, en fort conflit surpris,
Le veinqueur EDOARD est & veincu & pris.
Pris, & puis deliuré, requiert l'aide lointaine
Des François, de Bourgougne, & du Duc de Bretagne.
Leur reponse attendant, rempli de dur remord,
Attenué de fieure en Paris prit la mort.
Le lamentable corps se porte en haute Combe:
Est (de ses maieurs) mis dedans l'illustre Tombe.

Amé

Amé V. Conte de Sauoye, XIIII. successeur de Berold.

AME V. fut, comme plus prochain du lignage, denoncé Conte de Sauoye, Marguerite seur d'Edoard, & femme du Duc de Bretagne en etant du tout chassée. Il print pour femme Iole fille du prince de Montferrat, & niepce d'Emanuel Paleologue Empereur de Grece. De laquelle auoir eu des enfans, en memoire des graces receües de Dieu, amateur de la Chrestienté, & desireux de la vie immortelle, employa son esprit à edifier & enrichir les Eglises. Il feit construire le Conuent des Iacobins de Montmillan. D'vn superbe appareil il fortifia les frontieres de Sauoye. Contre les Dauphinois feit deux forteresses. Il edifia la sainte chapelle de Chambery: & de magnificence de Prince, fonda le College de haute Combe, lequel il enrichit & orna de plusieurs oratoires & chapelles voutées: & soigneusement procura de faire amasser & apporter en ce lieu les cendres de ses maieurs çà & là en diuers lieux ensepuelies. Il fut grandement amateur de paix depuis que les princes furent reconciliez. Iceluy etant d'âge meur, & fort heureux en lignée, mourut l'an de grace 1342.

VERS HISTORIENS.

Esleu du peuple Amé, cinquiéme, ne tint conte
Ains refusa souuent de Sauoye estre Conte,
Des trois ordres du peuple il fut pour le deuoir,

GENEALOGIE DES PRINCES

Contraint le nom de prince à la fin receuoir
Philippe Roy, voulut dedans Lyon époindre,
Le Dauphinois & Conte à concorde se ioindre.
Pource, Mars condamné, receut les loix de paix:
Et l'un & l'autre peuple amis furent parfaits.
A son retour, AME son pays fortifie,
Et lez le Dauphinois quatre fors edifie.
Deux chapelles, deuot somptueuses bastit,
Trois Eglises fonda, & maint Temple petit.

Le XI. Conte de Sauoye.

AME VI. appellé le Conte Verd portât les armes de couleur d'herbe à cause qu'en l'âge de douze ans il demoura victorieux en vn Tournoy, là ou la ieunesse s'exerçoit à course de cheuaux. heureusemét il experiméta la fortune de la guerre, tât nauale que terrestre, cótre le Roy de Bulgarie, pour remettre en sa premiere liberté Alexis, Empereur de Cóstátinople, qui par guerre & ruse militaire auoit esté prins. Il cótraignit le Tyrant de Bulgarie déliurer l'Empereur qu'il tenoit enfermé dás les prisós. Iceluy Amé, estát retourné en só pays victorieux, institua vn college de quatorze cheualiers, portás le colier de l'ordre. Lesquels deuoiét auoir vne bague pédue au col, dans laquelle, Gabriel l'ange, messager de l'incarnation de Iesus-Christ, estoit portrait, auec ces trois mots: Fert, Fert, Fert: que les habitans du pays ont accoutumé interpreter en double significatió, ainsi:

Forti

Fortitudo eius Rhodum tenuit: C'est à dire: sa force tint Rhodes: & les autres l'interpretent au contraire ainsi: Fœmina erit ruina tua: c'est à dire: la femme sera ta ruine. Il mit Chambery sous la foy & homage de Charles IIII. Roy de Boëme, & Empereur Romain, qui luy promit de luy donner à iamais aide & secours. A cause de ces six Souuerainetez, à sçauoir de Chablays, de la principauté du val d'Aouste, de Suze, de Sauoye, de Valois, & du territoire méme de Genebey, il fut crée par Charles prince de l'Empire Romain, & Vicempereur perpetuel.

VERS HISTORIENS.

AME verd surnommé, des Contes de Sauoye
Le plus vaillant, succede. En la mer prit sa voye
Pour aller faire guerre: apres qu'il en saillit,
Les Turcs cruellement en Europe assaillit.
D'vne armée de mer feit le captif Alexe
Remettre en son pays, Empereur de la Grece.
Et quand (en grand honneur) au pays retourna,
Quatorze cheualiers de son ordre ordonna.
Puis l'armée Valoise & Papale suiuie,
A Capue laissa ce grand Conte la vie.

XII. Conte de Sauoye, & XVI. successeur de Berold.

AME VII. fils du Conte Verd, acquist sans aucun sang repandu, ains esleu par les citoyens, la principauté de Nice. Il remit les Sionnois, qui s'etoyét rebellez de leur prelat, en la fidelle obeissance d'iceluy. Et tant fort addonné au plaisir de la chasse, tombant de son cheual, & se rompit vne cuisse, mourut. Il fut ensepueli en haute Combe l'an de salut 1397.

VERS HISTORIENS.

AME septième fut successeur du Verd prince
Qui des Sauoysiens accreut fort la prouince.
Les citoyens de Nice, & les peuples épars
Aux mons, donnez à luy se sont de toutes pars.
Donq' à luy la Conté de Nice s'est rendue,
Les ports de l'Occean, & la mer etandue.
A la chasse prenant son plaisir assidu,
De son cheual tombé, son esprit ha rendu.

INSTITVTION PREMIERE du Duc de Sauoye.

Le premier Duc de Sauoye.

AME VIII. etant consacré par l'Empereur Sigismond, prent le tiltre de Duc: & mis au rang des princes de la monarchie Romaine, de Marguerite fille de Philippe Duc de Bourgougne, eut vn fils appellé Loys. Auquel, etant deuenu en l'âge de puberté, & capable de gouuerner la Duché, il laissa la principauté. S'etant du tout demis de son estat, & ayant quitté toutes voluptez & delices de court, secretement s'outa du public & de la court, ayant

vo

volonté, auec bien peu de cheualiers choisis, mener vie solitaire au desert, reculé des choses mondaines: iusques à tant que par Ambassadeurs du concile de Basle rapelé, par le consentement de toute l'assemblée declaré Pape, il postposa la vie tranquille au bien public. En faueur de l'Eglise militante, oppressée de sectes & dissentions ciuiles, de peur qu'il ne fust veu mepriser l'autorité inopinee & election du Concile, il accepta (voire contre son vueil) la dignité Papale: laquelle en grand ioye & tres-volontiers quitta, si tost qu'il fut acerteiné qu'il y auoit en Italie vn autre Pape: auquel par messagers fidelles il enuoya, & de son bon-gré quitta (contre le vouloir de ses amis, & le consentement du Clergé) tout le droit & puissance qu'il auoit en la Papauté. Etant remis en son priué, d'vn constant & inuiolable cueur, tout ioyeux retourna à sa premiere vie monacale, ayant prins & choysi auec soy douze gouuerneurs venerables en dignité Cardinale. Auec lesquels, reluisant en sainteté de vie, bôté de meurs, & miracles, perseuera ferme & côstant enuiron l'espace de quarante ans: puis mourut au desert de Ripalie, pres du Lac de Genéue, l'an de grace, 1437.

VERS HISTORIENS.

A M E huitième, etant son pere mort, vnique,
En diuers temps fut Conte & puis Duc magnifique.
Pour les haux faits des siens, Sigismond cetuici

C 3

Feit prince de l'Empire,& le feit Duc aussi.
Amé, auquel premier tiltre de Duc lon donne,
Toutes les voluptez de la court abandonne.
Va, devot, au desert, loin de toutes maisons,
Vacant incessament à hymnes, oraisons.
Douze chevaliers prit Hieronimes, avecques
Lesquels, divinement honora Dieu illecques.
Le Concile de Basle en papale hauteur
Le mit, Eugene otant, des grans schismes l'auteur.
Amé, contre son vueil, Pape fut neuf années
Nommé Felix le quart: bien que par voix données
En plein Concile, esleu fust Pape en sainteté,
De son bon gré pourtant quitta la Papauté.
Et volontairement cette charge ha remise
A fin de nettoyer de tout schisme l'Eglise.
Le haut honneur Papal Amé ne cerche, au reste,
Bien digne etant d'un regne Angelique, & celeste.
Digne n'en fut le Monde, en cela qu'il ne prit
Un qui fut Pape esleu certes du saint Esprit.

Le II. Duc de Savoye.

LOYS fils du tres-bon pere Amé, vray imitateur de la pure & innocente vie paternelle, print à femme Anne, fille du roy de Cypre, de laquelle il eut huit fils: le puisné desquels fut à cause de sa femme, Roy de Cypre. Et quant à sa fille aisnée, il la donna en mariage au Roy de France Loys XI. de ce nom. Ce Loys vesquit exépt des furies de Mars, & ruines de guerre, vray zelateur de paix, l'espace de trente &

&vn

DE SAVOYE

&vn an, puis mourut à Lyon l'an de grace 1462.

VERS HISTORIENS.

LOYS, vertueux prince, au pere succeda,
Qui aux bontez du pere & vertuz ne ceda.
Il fut doux & courtois & bien fort catolique,
Voire & bon zelateur de loy Euangelique.
Six enfans eut, dont l'vn Roy de Cypre ha eté,
Qui par son frere fut du regne deboute.
Cet iniuste pilleur laissa, par mariage,
Les Veniciens hoirs du malheureux pillage.
Le Venicien or' de Cypre est possesseur,
Et se retient le droit qu'auoit le rauisseur.
Aux Veniciens donc sa rapine ha laissee,
Mais rien ne leur laissa que depouille forcee.
En court du Roy Loys, le mal si fort pressa
Son beau-pere le Duc, qu'à Lyon trepassa.

Le III. Duc de Sauoye.

AME IX. print à femme Isabele sœur de Loys XI. Roy de France: de laquelle il eut deux enfans, Philibert & Charles. Cet Amé print le gouuernement de la Duché l'an de grace 1462. etant incessamment subiet à l'Epilepsie ou mal caduque, & valetudinaire.

VERS HISTORIENS.

Des poures le support Amé succede ici,
Obseruateur du vray, d'equité pere aussi.

C 4

Au lieu de chiens paiſſoit l'humaine creature,
Et de ſes propres mains luy donnoit nourriture.
La triſte fieure lente, & mal caduque, auoit,
Dont languit, patient, cependant qu'il viuoit.

Le IIII. Duc de Sauoye.

PHILIBERT fils aiſné d'Amé, n'ayant à peine quatre ans fut fait Duc, l'an de grace 1475. Il mourut à Montcalier l'an de ſon âge XIIII.

VERS HISTORIENS.

PHILIBERT ſucceda, mémes en ſon enfance,
Et puis mourut deuant l'âge d'adoleſcence.

Le V. Duc de Sauoye.

CHARLES Second fils d'Amé, ſuccedant à ſon frere, veſquit peu de temps: & fut empoiſonné l'an de grace 1479.

VERS HISTORIENS.

Charles ſuit apres luy, qui veſquit peu d'eſpace,
Pour auoir beu dedans la mertifere taſſe.

Le VI. Duc de Sauoye.

CHARLES, fils de Charles, ayant à grand peine vn an, ſucceda à ſon pere: & ſous la tutele de Blanche ſa mere, tint la Duché ſeulement l'eſpace de ſept ans.

VERS

DE SAVOYE.
VERS HISTORIENS.

Charles n'ayant qu'vn an, auec sa mere Blanche
Qui sa tutrice etoit, en possession franche
Entre, de la Duché, sept ans fruition
Il en eut, puis mourut sans generation.

Le VII. Duc de Sauoye.

PHILIPPE oncle paternel des deux precedens Ducs, obtient le haut tiltre Ducal. Iceluy fut au parauant nommé, & de fait il l'etoit, le Seigneur de la Bresse, & Conte de Baugit. Il mourut à Chambery l'an de salut. 1498.

VERS HISTORIENS.

L'oncle Philippe, vray heritier des ancestres,
Par ordre iuste prent les inesperez sceptres.
De paix fut vn Mercure: & deux ans Duc regna:
Sa vie à Chambery puis apres termina.

Le VIII. Duc de Sauoye.

PHILIBERT print à femme Marguerite fille de l'Empereur Maximilian, de laquelle il n'eut nuls enfans. Il mourut en sa fleur de ieunesse, & fut ensepueli en l'abbaye vulgaremét appellée Brouz assise tout ioignant le marché Sebusien. Cette abbaye fut magnifiquement construitte par Marguerite sa femme, en perpetuelle memoire de son espoux Philibert. L'edifice & architecture de laquelle faitte en carré de pierre de marbre, & paracheuée

D

en trente & cinq ans (apres auoir supputé tant la mise que recepte) cousta quarante & huit sesterces, estimez à la valeur de deux cens talens, lesquels pourroyent monter à la somme de six vingts mille escus coronne.

VERS HISTORIENS.

Le beau Philibert fut huitieme Duc de suitte,
Et pour son epouse eut la blanche Marguerite.
De vertu Marguerite un miroir fut, & lors
Toutes Roynes passa d'excellence de corps.
Philibert la laissa veufue, & sans ligne aucune,
Dont le pays fut plein de pauureté commune.
Quand son mary fut mort, elle luy feit bâtir
Un temple nommé Brouz: qui passe sans mentir,
Pour la blancheur du Marbre, & des choses fort rares,
Des Pyramides grans les miracles barbares.

Le IX. Duc de Sauoye.

CHARLES III. succeda à son frere Philibert, apres auoir entieremēt debouté sa sœur aisnée Loyse, comme incapable de gouuernement & domination virile. Il demanda pour femme, Marguerite fille de Loyse, & sœur du Roy François. Apres qu'il en eut esté refusé, il epousa la fille d'Emanuel Roy de Portugal, & eut plusieurs enfans d'elle, lesquels moururent en la fleur de leur âge, excepté EMANVEL PHILIBERT, prince de tres-grande e-
spe

sperance & vertu heroïque. Entre Charles oncle maternel, & son nepueu François Roy de France, suruint vn different aspre & de grand exemple: lequel ne se peut commodément par aucuns ambassades amortir. A ceste cause, sans auoir esgard à plusieurs demades faittes tant d'vn costé que d'autre, on vint finalement aux armes: & fut la Sauoye prise auec la plus grand part du Piemont, à raison de ces principaux articles, lesquels furent souuente-fois par Ambassadeurs declarez à Charles.

Occasion, & argumens de la guerre du Roy François, contre Charles.

I. PHILIPPE Duc VII. de Sauoye, ayeul maternel du Roy François, eut deux femmes. De Marguerite, fille du Duc de Bourbon, sa premiere femme, engendra deux enfans, Philibert & Loyse: & eut de sa derniere femme Charles.

II. AVANT l'accord de la premiere femme, en faueur de mariage fut expressement arresté que les enfans qui naistroyent d'iceluy mariage, succederoyent à la Duché, l'ordre gardé de la primogeniture de lignée, & la differéce du sexe ostée. Suiuant lesquelles pactions, approuuées par l'assemblée des trois estats, Philibert, comme fils aisné, auoit succedé: & iceluy mourant sans hoirs, auoir delaissé heritiere sa sœur puisnée Loyse, laquelle etoit plus ancienne que Charles, fils de l'autre femme.

III. PAR ces conuentions faittes en faueur de ma-

D 2

riage.le Roy François fort curieufement,& par ambaſſades ſouuent reiterées l'eſpace de dix ans durant, demanda la Duché qui luy apartenoit par droit de ſucceſſion: à tout-le moins les laux aſsis en la Gaule Lionnoiſe au deça du fleuue du Roſne, leſquels ne ſont ſous la puiſſance de l'Empire,& furent expreſſement donnez en douaire à Marguerite de Bourbon mere-grand du Roy Françoys.

IIII. Il demanda pareillement la Breſſe, auec tous les fruits prins & perceuz l'eſpace de quarante ans.

V. LES douaires de ſa mere-grand, outre-paſſans la valeur de plus de trois cens talens (qui ſeroyent enuiron de cens quatre vingt mille eſcus coronne) auec l'intereſt & accroiſſement d'iceux.

VI. Affermoit ſus cela par memoire d'homme, la principauté de Piemont eſtre membre dependant de la Prouence, comme eſtant vnie à la principauté d'Arles,& pource regard indiuiſible.

VII. QVE ſecretement il auoit augmenté ſa Duché, de Turin, de Pignerol, de Montcalier, de Carignan, & de toutes les villes & chaſteaux ſituez par dela le Pau, qui furent prins durant les troubles de la guerre,& apres le deces de Robert Roy de Sicile, Conte de Prouence,& prince de Piemont.

VIII. QVE la Conté de Nice & le port de Ville-Franche, pris par complot & intelligence des citoyens, etoyent membres qui touſiours auoyent eſté comme choſe indiuiſe & dependante du territoire de la Prouence.

DE SAVOYE.

IX. Il adioutoit, quelques forteresses de la seigneurie de Saluces, lesquelles etoyent annexées au Dauphiné, en auoir esté violemment extraittes, & sans forme de proces attribuées aux Ducs de Sauoye, du temps que le fils de Robert, ieune enfant priué de pere & de mere, & deietté de son Royaume de Sicile, mourut: la hoirie laissée aux Roys de France substituez.

X. IL se mal-contentoit de ce que Charles auoit dedaigneusement refusé l'ordre de Cheualerie du Roy: & de ce qu'il n'auoit voulu receuoir la charge de cent hommes d'armes qui luy auoit eté presentée auec vingt talens depension, qui pourroyent monter à la valeur de douze mille escus coronne.

XI. DE ce qu'il auoit accepté les enseignes de Bourgougne & marques d'Hespagne, pour l'enuie qu'il portoit au nom François.

XII. D'AVOIR tousiours soutenu le parti de l'Empereur Charles V. mesmes au téps, auquel il auroit eté (voire par trahison des siens propres, & par le moyen de la fuitte du Duc de Bourbon) par desastre, veincu & pris de son ennemy à Pauie.

VERS HISTORIENS DECLArans plus amplement la fin & les louanges du Duc Charles.

Au neufiéme degré, Charles fut Duc neufiéme,
Et prince de Sauoye, en facherie extréme.

D 3

Ce bon Duc fut reduit & par terre & par mer:
Et souffrit de son temps maint gros dommage amer:
Quand regné quarante ans il eut,& dauantage,
Il perdit son païs & son noble heritage.
Departie en trois fut Sauoye:aux Berniens
Les piez,le ventre à France,& à Cesar les biens.
Cesar les grans citez,les mons,corps inutile,
France tient,& Berne ha le terroir plus fertile.
Tout cassé de vieillesse à Verseil il mourut,
Et de mal sus son corps nulle espece apparut.
L'an mil cinq cens cinquante,auec quatre,delaisse
Charles ce monde bas en sa blanche vieillesse.
Il fut certes heureux en deux perfections:
Que patient il fut en ses afflictions:
Et en ce qu'il nous ha laissé de sa semence
Un sien fils, tout orné d'Achilée vaillance.
   La paix fait receuoir tout tribut annuel
Du pere & des ayeux,au fils EMANVEL.
EMANVEL est dit,& Philibert encore:
Bien digne que ce nom celestiel l'honore.
Le haut renom duquel,l'heroïque vertu
Ennoblit le païs,le recrée,abatu.
Ce n'est en vain que France ha souhaitté sans cesse
Philibert protecteur de sa haute noblesse:
Ressemblant en vertu les plus grans gouuerneurs,
Voire & de plusieurs roys egalant les honneurs.
Egal aux Roys en rente,en tribuz,en cheuance,
En bienseance,en peuple,en vertu,en puissance.
Les estandars Francois,ceux d'ont il ha sorti

Sui

DE SAVOYE.

Suiuirent,soutenant vaillammant leur parti.
Philibert se montrant tres-magnanime en guerre,
De ses biens soutiendra les Francois, & leur terre.

EPILOGUE, AU PRINCE DE
Diuine memoire Emanuel Philibert,
X. Duc de Sauoye.

DE tes maieurs la tant celebre gloire,
La tige aussi de ta grand parenté
I'ay mise en vers, en vers bien rudes, voire
Lourdement faits, iaçoit qu'elle eust esté
Digne vraiment d'vn Meonien metre.
Quand ie seray hors de prison bouté,
Ie te pourray de meilleurs vers promettre:

AU MESME TRESPUIS-
sant Prince.

PLUS tost Phebus perdra ses rayons beaux,
Plus tost sera l'Ocean sans flots d'eaux,
Plus tost perdront les deux Poles leur estre,
L'Esseul doré cheut plus tost pourra estre,
Seine plus tost surmontera la mer,
Que ton grand los (qu'on doit tant estimer)
Se diminue, ou que soit consommée
D'vn long oubli ta sainte renommée.
L'honneur, le lustre, & l'eternel renom
De tes ayeuls, éclarcissent leur nom:
Par tes vertus tu annoblis leurs gestes,
Viuent en toy, & les rens tous celestes.

D 4

Les vieux escrits grand honneur vont baillant
Aux chefs de guerre Annibal le vaillant,
Et Fabiens: louent Archidame ores,
Les Deciens, vn Camille, & encores
Vn Leonide, vn Lysimaché aussi.
Cesar, Achille, estre exclus de ceux-ci
Ne doiuent pas: ni ne doit on pas rendre
Vn moindre honneur à Cyre, à Alexandre,
A Scipion, & le los est deu tel
A Hasdrubal, Antioche, à Metel,
A Vestiges, à Scylle, à Paul Emile,
A Codre, Arate, à Othon, & à mille
Dont les vertus & heroïques faits
Viuent encor, & exemples parfaits
De leur louange, euidans & notoires
Nons ont laissez escrits dans les histoires.
Mais infertile ha esté leur vertu,
Voire mortelle, à cause qu'ils n'ont eu
La viue foy grauée en leur courage.
 De la vertu se refroidist l'ouurage,
Méme le fruit des labeurs ne prent lieu
Ou est la foy deffaillante enuers Dieu.
Quand deffaillante est la foy, & le zele
De pieté, tout l'honneste auec elle
Adonc perit: & cesser peut on voir
La bonté lors auecques le deuoir.
 Or tous ceux là tu surmontes sans feinte
Par tes vertus & religion sainte.
Le loz de guerre, & , dextre, des combats

DE SAVOYE.

L'expérience & l'issue, ici bas,
Te font dresser en louange supréme:
De ton nom donc cette excellence extrême
Viura sans fin à perpetuité
Dessus l'Europe en grand autorité.
Tes successeurs iusqu'au Ciel mettront, voire
A qui mieux mieux, de tes haux faits la gloire:
Et si feront tous siecles aduenir
L'aduenement, de nouueau, souuenir.
 Bien fort louez pour leurs beaux corps d'élite
Sont Democlis, Hylas, & Hippolyte,
Narcisse, Alexe, Adonis, Turne encor:
Hyas, Xerxes, & Pollux & Castor
Furent prisez de belle corpulance:
Mais par dessus les graces d'excellence
De ton beau corps, en toy sans doute on voit
Un cueur vaillant tel qu'Hercules auoit.
Iunon Minerue, & Uenus, Mars encores
Semblent auoir leur demeure en toy ores:
Mercure semble estre dans ton cerueau,
Acompagné d'Endymion le beau.
Iunon les biens, Pallas la Deualoise
Te fait auoir vne epouse Gaulloise:
Mars t'ha donné le courage vaillant,
Auec la force & le conseil veillant.
Il ne te reste au surplus, que ta vie
Soit d'vn long trait heureusement suiuie.
Le tout puissant ie requiers orendroit,
Qu'en ton païs tu puisses de ton droit

E

GENEALOGIE DES PRINCES

Par toy recous, auec l'epouse tienne
Iouir, heureux, en paix Nestorienne.

A EMANVEL PHILIBERT PRIN
ce d'immortelle gloire, Duc de Sauoye, de
Chablays, & du val d'Aouste,
REMOND TABOET,
fils de l'au-
teur.

TANT difficile etoit le ferme accord parfaire
(Alecton & Satan empeschant la paix faire)
Entre les plus grans Roys de l'Europe, en vn poinct
De si petit de temps, assemblez en ce point :
Les ennemis premier furieux escumerent
Comme Eteocle, Aiax, & Marius s'armerent,
Comme Saül, Pompée, Agrippe, & tout ainsi
Qu'etoit iadis Sylla, Camille, Othon aussi.
Le courrous ancien & leur ire mortelle
Departit d'auec eux, qui ia continuelle
Trois cens ans fut, rompans souuente-fois les lois
De treues, les François, Hespagnols, & Anglois.
EMANVEL, auteur d'amitié de durée,
Vray prince de Sauoye, auec paix asseurée
Ensemble les vnit, quand par droit fut aux lieux
Et aux sieges remis de ses premiers ayeuls.

Vers

DE SAVOYE.
VERS DV MESME TABOET,
faits en la louange & honneur du tres-
puissant Seigneur & Duc de
Sauoye, &c.

AV PEVPLE DE TOVTE L'EVROPE.

SEPT miracles au monde ont mis les anciens:
Premierement du Nil les pyramides siens:
Le Rhodien Colosse: & puis la sepulture
Du roy Mousole, faitte en braue architecture.
La Pharienne tour, machine qui reluit,
Comme la Lune fait vagabonde de nuit:
L'effigie en apres de Iupiter, & celle
Qui represante au vif Diane la pucelle:
Puis le temple d'Ephese: apres, les haux mnrs mis
Iadis en Babylon de par Semiramis.
Adiouter à bon droit les Sauoysiens méme
Peuuent l'huitiéme, don tombé du Ciel supréme
Miraculeusement: don que de long temps feit
Le haut EMANVEL, pour le commun profit
De toute cette Europe, & sans le fait de l'homme.
Il ha donné la paix aux puissans Rois, en somme:
Et, d'amour ferme vnis, il ha ioint par pitié
En vn, vn corps ardant d'vne noble amitié.
   O bien-heureuse Europe, en deffaittes sanglantes
Et en guerres vraiment ciuiles & méchantes
Vexée longuement. las repose orendroit
Quelque peu ie te pri, tant qu'on voye à bon droit
L'heros Saturnien tout rempli de vaillance

E 2

EMANUEL, auoir l'entiere iouissance
Des terres des ayeuls, & tant qu'il soit rendu
Auec heureuse paix, & son peuple épandu.
Paix, & l'amour des Rois feront Mars cesser ores,
Et donront aux François le siecle d'or encores.

FIN.

A LYON,
De l'imprimerie de Nicolas Edoard,
Champenois, l'an de grace
M. D. LX.

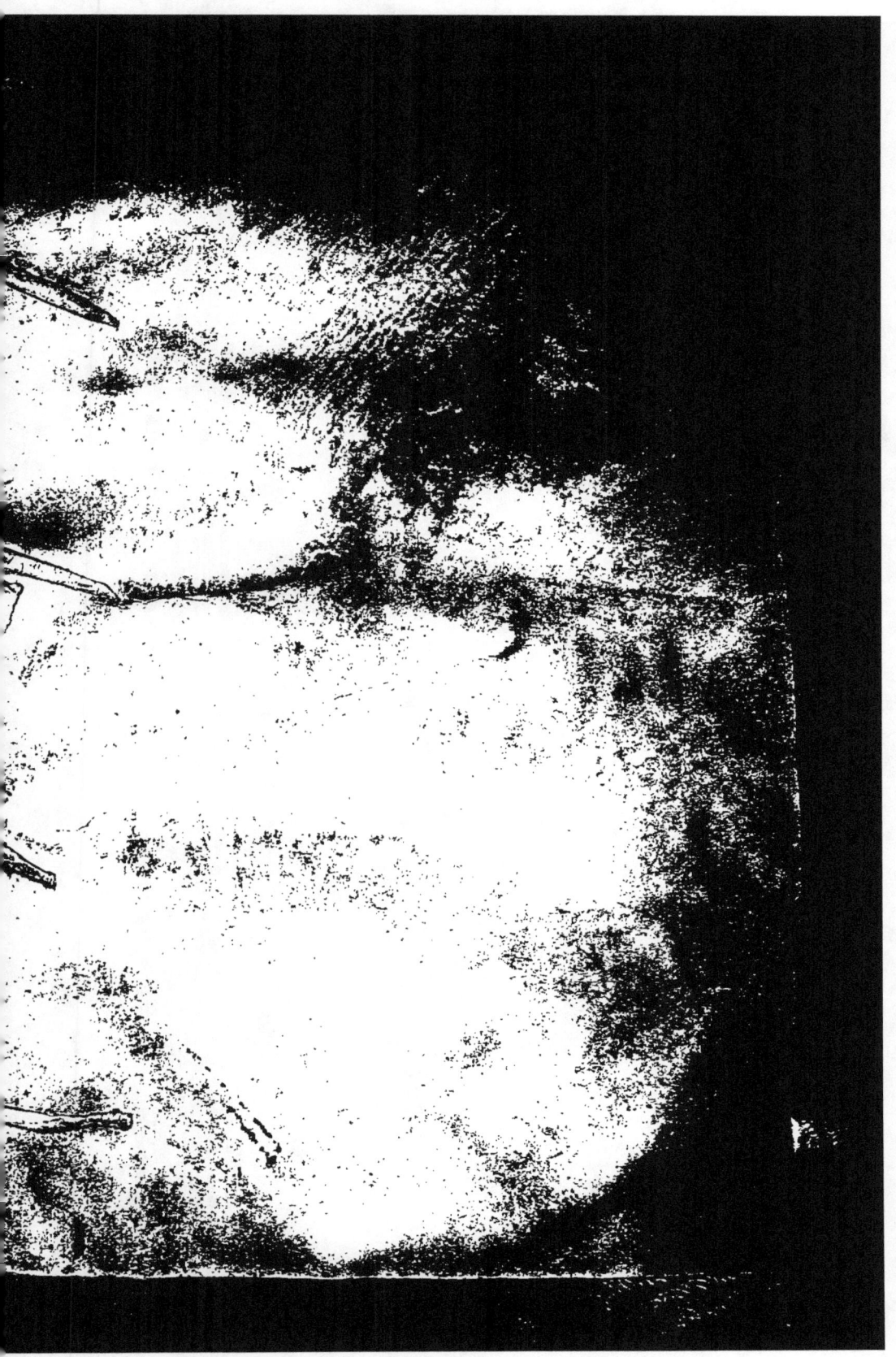

www.ingramcontent.com/pod-product-compliance
Lightning Source LLC
Chambersburg PA
CBHW060706050426
42451CB00010B/1295